مِیرو کا ملتان

# Meeru's Multan

Written by
**Dr. Miral Azam Khalil**
Illustrated by Benazir Khan Lodhi

تصاویر و خاکہ نگاری: بینظیر خان لودھی
بقلم: ڈاکٹر مِیرال اعظم خلیل

Meeru's Multan
ISBN: 979-8-9879090-0-3
LCCN: 2023907771

Illustrations by Benazir Khan Lodhi
Editorial by Amy Betz and Karen Dockrey
Tranlations by H.M.Talha Siddiqui
Design by Monica Thomas for TLC Book Design, *TLCBookDesign.com*

## Acknowledgments

*And of His signs is the creation of the heavens and the earth and the diversity of your languages and your colors. Indeed in that are signs for those of knowledge.*
—(30:22) The Holy Quran

This book was inspired by the above verse in the Quran. I want to thank Allah SWT, for placing in my life ease after ease. This book is an act of servitude and worship. May He accept. Amen

اور اس کی نشانیوں میں شامل ہیں
آسمانوں اور زمین کی تخلیق
انسانوں کی زبانوں اور رنگوں
کا تنوع؛ اور ان سب میں
علم والوں کے لیے نشانیاں ہیں
—(30:22) قرآن مجید

اس کتاب کیلئے حوصلہ افزائی میں نے قرآن مجید کی
مندرجہ بالا آیت سے حاصل کی تھی۔ میں اپنی زندگی میں
آسانیوں در آسانیوں کیلئے اللہ سبحانہ تعالی کا
شکر ادا کرنا چاہتی ہوں۔
یہ کتاب میری جانب سے بندگی اور عبادت ہے کا ایک مظہر ہے۔
اللہ اسے قبول کریں۔ آمین

This book is dedicated to
all the Pakistani children, who have been told
that they cannot succeed if they cannot
speak "English."

اُن تمام پاکستانی بچوں کے نام جنہیں سمجھایا گیا ہے کہ اگر اُنہیں "انگریزی"
بولنا نہیں آتی تو وہ کامیاب بھی نہیں ہوسکتے۔

And to my mother who saw the
extra-ordinary in my ordinary.

اور میری والدہ کے نام جنہیں میری عام سی شخصیت میں خاصیت نظر آتی تھی۔

*(Left to right)* ***Meeru*** *(our main character wearing a frock which was a gift from her Khala and made in Multan),* ***Meeru's mother****, and* ***her brother***

(بائیں سے دائیں) میرو (ہماری کتاب کی مرکزی کردار جنہوں نے اپنی خالہ کی جانب سے تحفے میں دیا گیا فراک پہنا ہوا ہے
جو کہ ملتان کا بنا ہوا ہے)، میرو کی والدہ اور انکا بھائی۔

**Late one night, Saif tossed and turned in bed.**
**Suddenly, he threw his blanket off. He had an idea!**
**He opened his bedroom door and tiptoed across the hallway.**

ایک مرتبہ رات گئے دیر تک، سَیف بیڈ پر لیٹا بے چینی سے کروٹیں لے رہا تھا۔ اچانک اس نے اپنا کمبل
اتار پھینکا۔ اُسے ایک آئیڈیا آیا تھا! اس نے اپنے کمرے کا دروازہ کھولا اور پنجوں کے بل چُپکے چُپکے برآمدے میں چلنے لگا۔

Creak!

"What was that?!" Saif whispered. He almost scampered back to bed, but forced himself to continue. "I am Ninja invincible," Saif said quietly as he peeped inside Mama's bedroom door.

"یہ کیا تھا؟!" سَیف نے سرگوشی کی۔ وہ اچھل کر واپس بستر پر تقریباً لیٹ ہی چکا تھا، لیکن پھر اس نے ہمت کر کے اپنے آپ کو آگے جانے پر مجبور کیا۔ "میں ایک ناقابل تسخیر نِنجا ہوں،" سیف نے ماما کے بیڈ روم کے دروازے سے اندر جھانکتے ہوئے آہستگی سے کہا۔

There was Mama, hunched over her phone in bed. Saif's two younger sisters were asleep beside her. Saif turned to look into the darkened room across the hall and saw his third sister, Maha, sprawled on the sofa.

کمرے میں اُس کی ماما بیڈ پر لیٹیں اپنے
فون کے ساتھ مصروف تھیں۔
سیف کی دو چھوٹی بہنیں اُن کے
پاس سو رہی تھیں۔ سیف
اندھیرے کمرے کی دوسری جانب
نظر ڈالنے کیلئے مڑا اور دیکھا کہ اُس
کی تیسری بہن ماہا صوفے پر نیم
دراز ہے۔

Saif sighed. Then, he heard a hushed voice call his name.
"SSSSAIFFF..." the voice hissed.
It was Mama. She'd spotted him.

سیف نے آہ سی بھری۔ پھر، اُسے اُسکا نام لیتے ہوئی ایک دَبی آواز آئی۔
"سسسسیففف۔۔۔" سرگوشی کی آواز آئی۔
یہ ماما تھیں۔ انہوں نے اُسے دیکھ لیا تھا۔

"I cannot sleep," he croaked.
"Mama, can you tell me a story? Tell me one about when you were small. Those are the best."

"مجھ سے سویا نہیں جا رہا،" وہ گہری بھرّائی ہوئی آواز میں بولا۔ "ماما، کیا آپ مجھے کوئی کہانی سنا سکتی ہیں؟ مجھے اپنے بچپن کی کوئی باتیں بتائیں۔ وہ بہترین باتیں ہوتی ہیں۔"

At first, Mama hesitated. But then, to Saif's surprise, she began to share her story. "Okay, honey. Come here and I will tell you a little about my summers in Pakistan."
She made space for him to sit down, and Saif snuggled close. Mama's warm body felt comforting. All his worries melted away.

پہلے تو ماما ہچکچائیں۔ لیکن پھر، سیف کیلئے حیران کن طور پر، انہوں نے اپنی کہانی سنانا شروع کر دی۔ "ٹھیک ہے، چندا۔ یہاں آجاؤ، میں آپ کو پاکستان میں گزاری ہوئی اپنی گرمیوں کے بارے میں کچھ بتاتی ہوں۔" انہوں نے اُس کے بیٹھنے کے لیے جگہ بنائی اور سیف انکے قریب آگیا۔ ماما کے گرم جسم کے ساتھ لگتے ہی اسے بہت سکون محسوس ہوا، اور اس کی تمام پریشانیاں دور ہو گئیں۔

"When my *khala*, my aunt, Ruby would come from Multan to visit us,
she always carried a grey duffle bag. She used to come stay at my *nani's*,
my grandmother's, home in Lahore. I would sometimes sneak into her room
while they were all having chai-tea, and open up her bag."

"میری خالہ روبی ملتان سے جب بھی ہمیں ملنے آیا کرتیں، تو وہ ہمیشہ سرمئی رنگ کا ایک ڈفل بیگ ساتھ
رکھتی تھیں۔ وہ لاہور میں میری نانی اماں کے گھر ٹھہرنے آتی تھیں۔ کبھی کبھار جب سب لوگ چائے پی
رہے ہوتے تھے، میں انکے کمرے میں گھس جایا کرتی تھی اور انکا بیگ کھول لیتی۔"

"But didn't you get in trouble?" Saif asked.

Mama smiled. "No, don't worry, she did not mind me opening her bag. Inside, there was always some bubble gum for me— a mountain of bubble gum!" said Mama, smiling mischievously.

"لیکن اس طرح آپ مشکل میں نہیں پھنس جاتی تھیں؟" سیف نے پوچھا۔ ماما نے مسکراتے ہوئے کہا۔ "نہیں، بیٹا پریشان نہ ہو، وہ کبھی بھی اس بات کو مائنڈ نہیں کرتی تھیں کہ میں انکا بیگ کھولوں۔ بیگ کے اندر، میرے لیے ہمیشہ ببل گم ہوا کرتی تھیں —ببل گم کا ایک ڈھیر ہوا کرتا تھا!" ماما نے شرارت سے مسکراتے ہوئے کہا۔

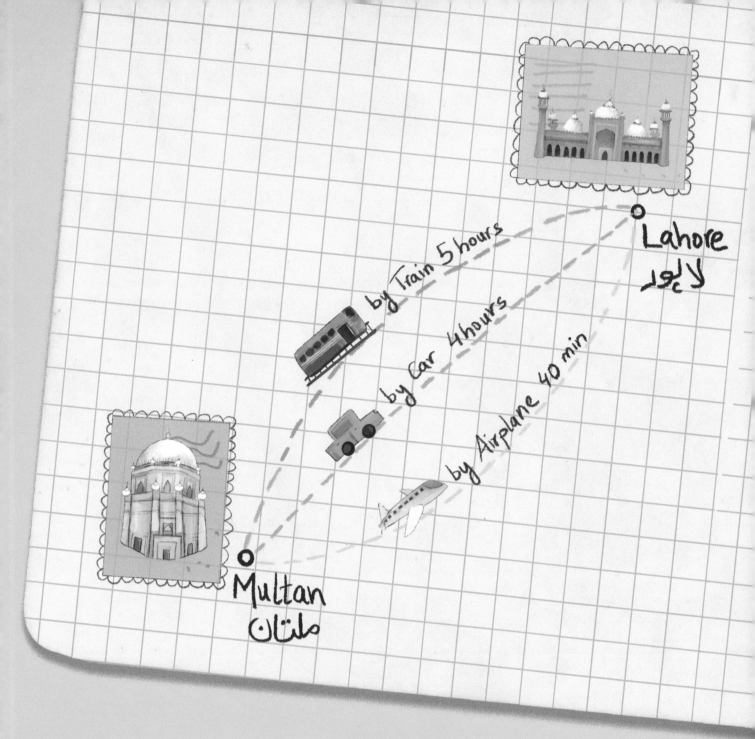

by Train 5 hours
by Car 4 hours
by Airplane 40 min
Lahore
لاہور
Multan
ملتان

Mama continued. "My khala worked in a city called Multan.
It was a five-hour drive from where we lived in Lahore. When we visited her,
we would take a bus, or travel by train, or even fly in an airplane!
I loved going to Multan every summer."

ماما نے بات جاری رکھتے ہوئے کہا۔ "میری خالہ ملتان نامی شہر میں کام کیا کرتیں تھیں۔ لاہور میں جہاں
ہم رہتے تھے، وہاں سے یہ پانچ گھنٹے کی مسافت پر تھا۔ ہم اُن سے ملنے بس کے ذریعے یا ٹرین کے
ذریعے جایا کرتے تھے، یا پھر ہوائی جہاز کے ذریعے بھی جایا کرتے تھے! مجھے ہر مرتبہ گرمیوں میں ملتان جانا
بہت اچھا لگتا تھا۔"

"When we were in Multan, I used to sleep outside under the stars on a bed we called a *charpai*. In the morning, the sound of roosters and parrots would wake me! There were hundreds of parrots. It was like a scene from a Disney movie!"

"جب ہم ملتان جاتے تو میں کھلے آسمان تلے ستاروں کا نظارہ دیکھتے ہوئے ایک بیڈ پر سویا کرتی تھی،
جسے ہم چارپائی کہتے تھے۔ جب صبح ہوتی تو مرغوں اور طوطوں کی آوازیں مجھے جگا دیا کرتی تھیں!
وہاں سینکڑوں طوطے ہوتے تھے جن کی وجہ سے وہاں ڈزنی فلم جیسا ایک منظر بن جایا کرتا!"

"We used to eat lots of sweet mangoes.
Your khala, Momo, was a mango aficionado."

Saif giggled and repeated, "Afi-cando.
That's a funny word."

"ہم ڈھیر سارے میٹھے آم کھایا کرتے تھے۔ آپکی خالہ
مومو آموں کی بہت شوقین تھیں۔"
سیف نے قہقہہ لگایا اور لفظ دھرایا، "اَفی-کینڈو، یہ بڑا مزاحیہ لفظ ہے۔"

"For breakfast, I ate *paratha*, bread, with yogurt and *achar*, pickles. And in Multan, the kids would shower outside with undies on!" she explained.

"WHAT?!" exclaimed Saif.

”میں ناشتے میں پراٹھے کے ساتھ دہی اور اچار کھایا کرتی تھی۔ اور ملتان میں، بچے جانگیے پہن کر باہر کھلی جگہوں پر نہاتے ہوتے تھے!“ ماما نے وضاحت کی۔

”کیا؟!“ سیف نے حیرانگی سے کہا۔

His mother smiled and continued. "Close to the colony was *Mumtazabad*, a bazaar where we would go to shop for everything! We bought fresh fruit and vegetables from the donkey carts there. Then we would go into a small cloth shop, where we chose the fabric for the clothes we wanted to have sewn for us."

اُس کی ماما مسکرائیں اور بات جاری رکھتے ہوئے کہا۔ "کالونی کے قریب ہی ایک بازار ممتاز آباد تھا، جہاں ہم ہر چیز کی خریداری کے لیے جایا کرتے تھے! ہم وہاں گدھا ریڑھیوں سے تازہ پھل اور سبزیاں خریدتے تھے۔ پھر ہم نے کپڑے کی ایک چھوٹی سی دکان میں چلے جانا ہوتا تھا، جہاں ہم سب اپنے لئے سوٹ سلوانے کیلئے کپڑے کا انتخاب کیا کرتے تھے۔"

"Mama, you did not buy clothes from the mall?" Saif asked.

"HA! There were no malls, Saif. We took the cloth to the tailor and
he would make us clothes," she said in a matter-of-fact voice.
"We still do that when we go to Pakistan."

"ماما آپ شاپنگ مال سے کپڑے نہیں خریدا کرتی تھیں؟" سیف نے پوچھا۔
"ہاہ! سَیف، اُس وقت کوئی شاپنگ مال نہیں ہوا کرتے تھے۔ ہم کپڑا درزی کے پاس لے جاتے اور وہ ہمارے
سوٹ سلائی کر دیا کرتا تھا،" اُنہوں نے حقیقت انگیز گہری آواز میں کہا۔ "ابھی بھی جب ہم پاکستان
جاتے ہیں تو ایسا ہی کرتے ہیں۔"

"Tell me more!" he said eagerly.

"Sometimes my khala used to take me around the city.
In Cantt, there was a place where we could get roasted chicken and
*naan* bread, and a special vendor who sold *kulfi*, a yummy dessert.
There were bigger shops to explore."

"مجھے اور باتیں بتائیں!" سیف نے بے تابی سے کہا۔

"کبھی کبھار میری خالہ مجھے شہر گھمانے لے جایا کرتی تھیں۔ کینٹ میں، ایک ایسی جگہ تھی جہاں سے ہم چکن روسٹ اور نان لیا کرتے تھے، اور ایک خاص دکاندار ہوتا تھا جو قلفی بیچتا تھا، قلفی ایک مزیدار میٹھی چیز ہوتی ہے۔ وہاں بڑی بڑی دکانیں تھیں جہاں ہم گھوما پھرا کرتے تھے۔"

"Multan also had an Urdu bazaar that I loved to visit. I used to buy
my favorite Urdu book series there. It was called 'Umro ayar.'"

"Whoa! You liked to read kids' stories?" Saif exclaimed.

"Of course I did! I was a child just like you!"

"ملتان میں ایک اردو بازار بھی تھا جہاں جانا مجھے بہت پسند تھا۔ میں وہاں سے اپنی پسندیدہ اردو کتابوں کی سیریز 'عمرو عیار' خریدا کرتی تھی۔"

"واؤ! کیا آپ بچوں کی کہانیاں پڑھنا پسند کیا کرتی تھیں؟" سیف نے چونک کر کہا۔

"ہاں ناں، مجھے کہانیاں بہت پسند تھیں! میں بھی آپ ہی کی طرح کی چھوٹی بچی تھی"

"Sometimes we would go to the international cricket stadium in Multan.
Teams from around the world would come and play cricket."

"Mama, I want to go to that stadium!" pleaded Saif.

"Inshallah, we will visit the stadium," promised Mama.

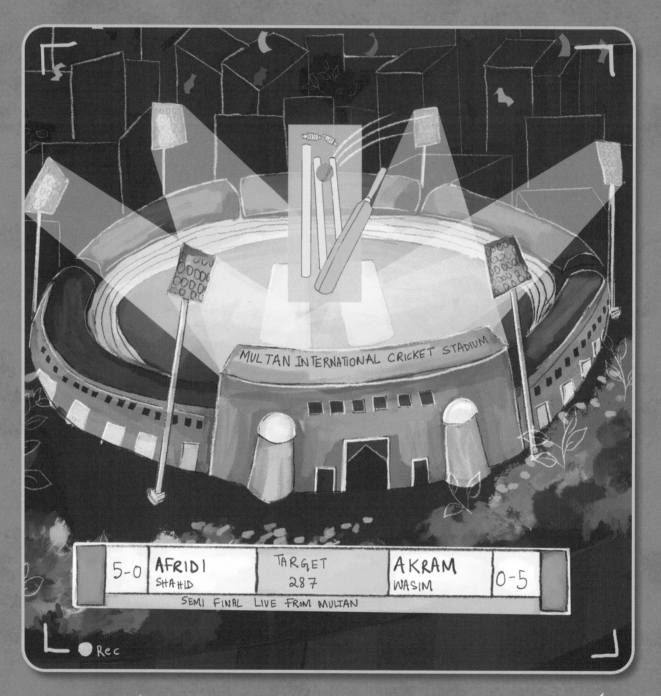

کبھی کبھار ہم ملتان انٹرنیشنل کرکٹ سٹیڈیم جاتے۔ وہاں دنیا بھر کی ٹیمیں کرکٹ کھیلنے آیا کرتی تھیں۔"
"ماما، میں بھی اُس اسٹیڈیم میں جانا چاہتا ہوں!" سیف نے التجا کی۔
"ان شاءاللہ، ہم سٹیڈیم کا وزٹ کریں گے،" ماما نے وعدہ کیا۔

"We used to play cricket with our friends, instead of a bat we used to use a clipboard and we used to make a ball out of crumpled paper!"

"So awesome!" replied Saif, dreaming about playing the game himself.

"ہم اپنے دوستوں کے ساتھ کرکٹ کھیلا کرتے تھے، بَیٹ کے بجائے ہم کلپ بورڈ استعمال کیا کرتے اور کاغذ کو تڑوڑ مڑوڑ کر اُس سے گیند بنا لیا کرتے تھے!"

"بہت زبردست!" سیف نے خود کو گیم کھیلتے دیکھنے کا خواب دیکھتے ہوئے جواب دیا۔

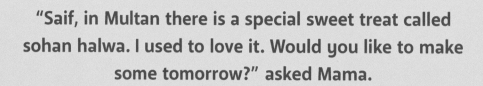

"Saif, in Multan there is a special sweet treat called sohan halwa. I used to love it. Would you like to make some tomorrow?" asked Mama.

"I would love that," squeaked a sleepy voice from the floor.

"Maha, what are you doing here?" asked Saif when he saw his sister crouched on the floor. "We didn't hear you sneak in."

"You were making so much noise," Maha said, grinning back at him.

"سیف، ملتان میں سوہن حلوہ نامی ایک خاص مٹھائی ہوتی ہے۔ مجھے وہ بہت پسند ہوا کرتی تھی۔ کیا آپ پسند کرو گے کہ کل مل جُل کر سوہن حلوہ بنائیں؟" ماما نے پوچھا.

"مجھے بہت اچھا لگے گا،" فرش کی جانب سے ایک نیند بھری آواز آئی۔

"ماہا آپ یہاں کیا کر رہی ہو؟" سیف نے اپنی بہن کو فرش پر دو زانو بیٹھا دیکھ کر پوچھا۔ "آپ کے چُپکے سے یہاں آنے کا ہمیں پتا ہی نہیں لگا!"

"آپ لوگ بہت زیادہ شور مچا رہے تھے،" ماہا نے اُسے کھلکھلا کر مسکراتے ہوئے جواب دیا۔

"It's late, you two. That's enough stories for tonight. Time to go back to sleep," said Mama, yawning.

"AWWWW," they both groaned.

"Mama, we want to go to Multan and see all the fantastic places you told us about!" Maha said. "Pleeeaase!"

"Inshallah, this time when we go we will take Ruby Nano with us. She can show you even more places," Mama said, smiling.

"More places..." Saif repeated dreamily.

"اچھا اب آپ دونوں کو بہت دیر ہوگئی ہے۔ آج رات کے لیے اتنی ہی کہانیاں کافی ہیں۔ اب سونے کا وقت ہوگیا ہے،" ماما نے جمائی لیتے ہوئے کہا۔

"آآآآں،" دونوں نے لاڈ سے کہا۔

"ماما، ہم ملتان جاکر وہ ساری شاندار جگہیں دیکھنا چاہتے ہیں جن کے بارے میں آپ نے ہمیں بتایا ہے! "پلیززززز!"، ماہا نے کہا۔

"ان شاءاللہ اس بار جب ہم جائیں گے تو روبی نانو کو ساتھ لے کر جائیں گے۔ وہ آپ کو اور بھی زیادہ جگہیں دکھا سکتی ہیں،" ماما نے مسکراتے ہوئے کہا۔

"اور بھی زیادہ جگہیں۔۔۔" سیف نے خوابیدہ انداز میں ماما کی بات دہرائی۔

گاجر شلجم کا اچار

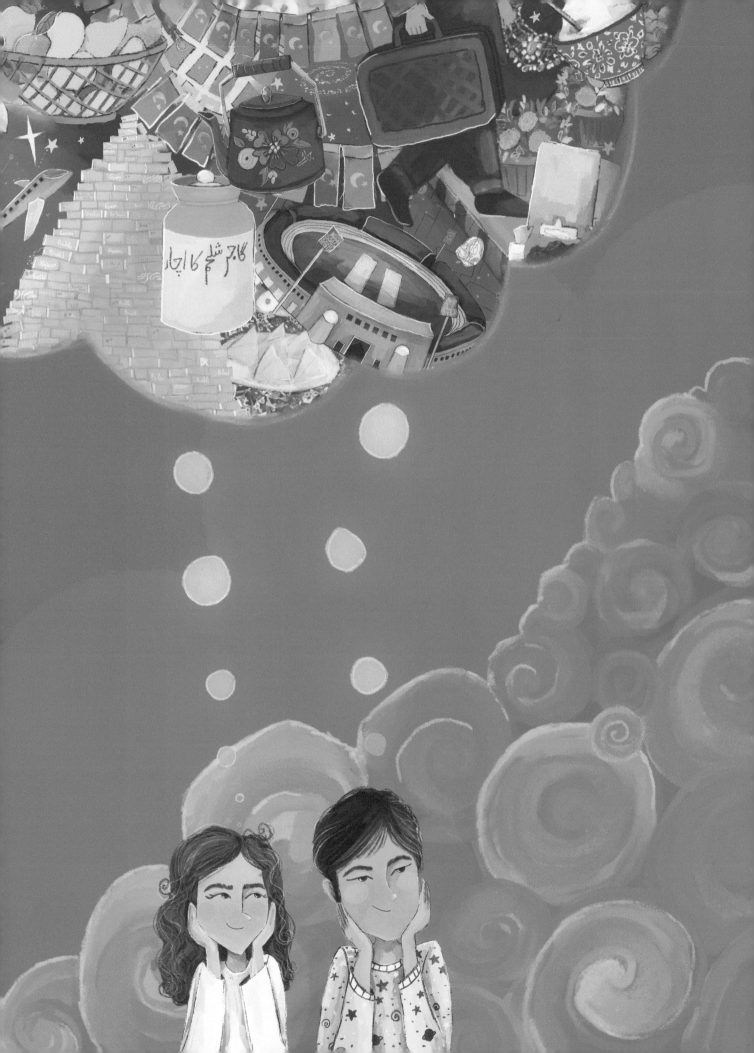

Both children headed to their own beds. After listening to Mama's stories, they were even more eager to go back to Pakistan during their summer break. They couldn't wait to explore the magical country with all its traditions, people, food and festivals.

دونوں بچے اپنے اپنے بیڈز کی جانب چلے گئے۔ ماما سے اُنکی کہانیاں سننے کے بعد، وہ گرمیوں کی چھٹیوں میں پاکستان واپس جانے کے لیے اور بھی زیادہ پُرجوش تھے۔ ان دونوں سے انتظار نہیں ہو پارہا تھا کہ کب وہ اُس جادوئی ملک میں گھومنے پھرنے کے ساتھ ساتھ اسکی کی تمام روایات، لوگوں، کھانوں اور تہواروں سے لطف اندوز ہونے کیلئے جائیں۔

As the children drifted to sleep, Mama started to plan their trip to Pakistan. "This will be such an exciting adventure with the kids," she thought, feeling a familiar warmth inside. She texted her khala:

"Meeru is returning to Multan, with the kids!"

جیسے ہی بچے سونے کیلئے گئے، ماما نے پاکستان کے سفر کیلئے اپنا پلان بنانا شروع کر دیا۔ "یہ بچوں کے ساتھ ایک بہت ہی زیادہ دلچسپ مہم جوئی ہوگی،" انہوں نے اپنے اندر مانوسیت کی گرمی محسوس کرتے ہوئے سوچا۔ پھر انہوں نے اپنی خالہ کو ٹیکسٹ میسج کیا:

"میرِو ملتان واپس آرہی ہے، بچوں کے ساتھ!"

# Glossary

## لغت

**Cantt:** Upscale neighborhood inside Multan city

کینٹ: ملتان شہر کے اندر ایک پوش ایریا

**Chai:** tea

چائے: چائے

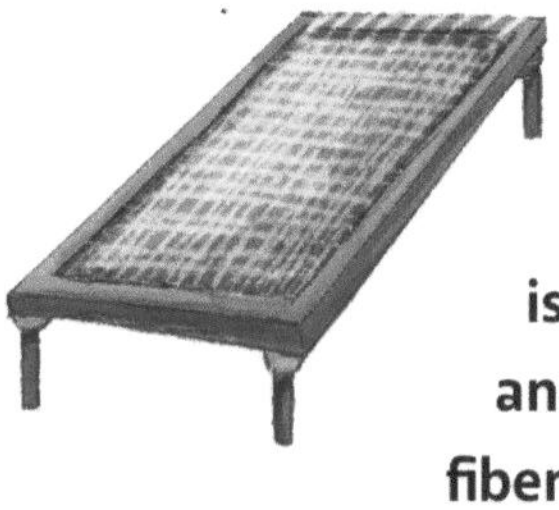

**Charpai:** A traditional foldable bed that is made out of wood and has interlaced jute fibers that can be slept on.

چارپائی: ایک روایتی تہہ ہوسکنے والا بیڈ جو لکڑی سے بنا ہوتا ہے۔ اس کی بان سے بُنتی کی گئی ہوتی ہے، جس پر سویا جا سکتا ہے۔

**Inshallah:** If God wills

ان شاءاللہ: اگر اللہ نے چاہا تو

**Khala:** Maternal aunt

خالہ: ننھیالی آنٹی

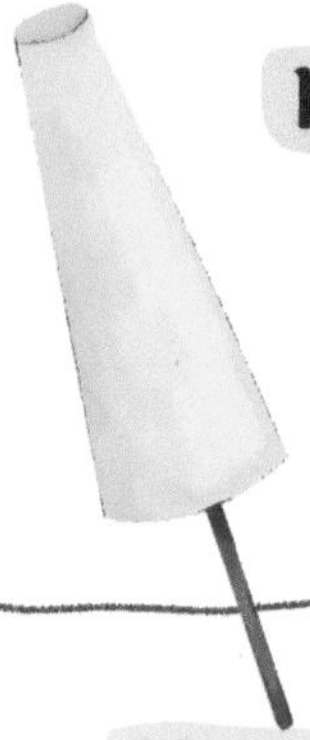

**Kulfi:** A frozen milk and nuts popsicle

قُلفی: منجمد شدہ دودھ اور بادام/پستہ سے بنی ہوئی آئس پاپ

**Naan:** Fluffy, thick white flour tortilla

نان: پھولے ہوئے، گاڑھے سفید آٹے کی بنی ہوئی روٹی

**Paratha:** Whole wheat tortilla fried in oil and has butter inside

پراٹھا: خالص گندمی روٹی جو کہ اندر مکھن لگا کر تیل میں فرائی کی گئی ہوتی ہے

**Sohan Halwa:** Traditional sticky sweet with nuts; Multan city's popular dessert

سوہن حلوہ: خشک گری دار میوہ جات سے بھرپور ایک روایتی چپچپی مٹھائی؛ ملتان شہر کا مشہور میٹھا

## Recipe for
# Multani Sohan Halwa

ملتانی سوہن حلوے کی ترکیب

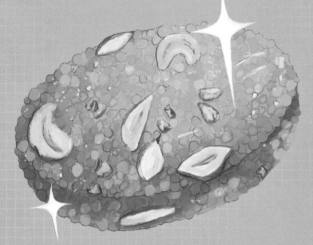

### Ingredients

**For Garnish**
Crushed Pistachios
and Almonds

- ½ gallon milk
- ½ tsp. lemon juice
- 6 tbsp. white flour
- 2 tbsp. sprouted wheat flour
- 1 cup granulated sugar
- 4 tbsp. pure Ghee
- 4-5 green crushed cardamom pods
- Almonds and walnuts as much or as little as you want

اجزاء

گارنش کرنے کے
لیے کُش کیے ہوئے
پستہ اور بادام

- ½ گیلن دودھ
- ½ چائے والا چمچ لیموں کا رس
- 6 کھانے والے چمچ سفید آٹا
- 2 کھانے والے چمچ پُھٹی ہوئی گندم کا آٹا
- 1 کپ چینی
- 4 کھانے والے چمچ دیسی گھی
- 4 تا 5 پسی ہوئی سبز الائچیاں
- بادام اور اخروٹ جتنے آپ چاہیں، کم یا زیادہ

---

**1** In a deep pan boil milk and add white flour, Sprouted Wheat flour and then lemon juice.

ایک گہرے پین میں دودھ ابالیں اور اس میں سفید آٹا، پھٹی ہوئی گندم کا آٹا اور پھر لیموں کا رس شامل کریں۔

**2** Stir lightly. Let it boil for 5 minutes.

اسے آہستہ آہستہ سے ہلائیں اور 5 منٹ تک ابلنے دیں۔

**3** The milk mixture will curdle; cook on low heat, stir constantly.

جب دودھ کا مرکب گاڑھا ہونا شروع ہو جائے تو اسے ہلکی آنچ پر پکائیں اور مسلسل ہلاتے رہیں۔

Scan
to download
this recipe

ترکیب ڈاؤنلوڈ
کرنے کیلئے
سکین کریں

4 When this curdled milk mixture is reduced to half (takes approximately 2-3 hours on low heat); gradually put sugar, keep stirring slowly, otherwise lumps may form. Now a smooth mixture will be formed.

جب اس گاڑھے دودھ کا آمیزہ آدھا رہ جائے (ہلکی آنچ پر تقریباً 2 تا 3 گھنٹے لگتے ہیں)؛ تو ساتھ ساتھ چینی ڈالیں، اور آہستہ آہستہ ہلاتے رہیں، ورنہ پُھٹکیاں بن سکتی ہیں۔ اس طرح ایک ملائم سامرکب بن جائے گا۔

5 When it is thick, add ghee & cook. After 20-25 minutes, it will not stick to the pan & it will leave the sides and ghee.

جب یہ گاڑھا ہو جائے تو اس میں گھی ڈال کر پکائیں۔ 20-25 منٹ کے بعد، یہ پین پر نہیں چپکے گا، اطراف کو چھوڑ دے گا اور گھی بھی چھوڑے گا۔

6 Mix almond and walnut and take out and spread it in a dish evenly and cut into the desired shapes like diamond or square pieces.

بادام اور اخروٹ کو مکس کریں اور نکال کر ڈش میں یکساں طور پر پھیلائیں اور مطلوبہ سائز جیسے ہیرے یا مربع کے ٹکڑوں میں کاٹ لیں۔

7 Garnish with pistachios and almonds.

پستے اور بادام سے گارنش کریں۔

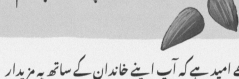

I hope you enjoy making this delicious traditional sweetmeat with your family. Tag us @meerusmultanbook on Instagram so we can share in the joy!

مجھے امید ہے کہ آپ اپنے خاندان کے ساتھ یہ مزیدار روایتی مٹھائی بنانے سے لطف اندوز ہوں گے۔ ہمیں انسٹاگرام پر meerusmultanbook@ ٹیگ کریں تاکہ ہم بھی آپکی خوشیوں میں شریک ہو سکیں!

## About the Author and Illustrator
### مصنف اور خاکہ نگار کے بارے میں

**Dr. Miral Azam Khalil** was born and raised in Lahore, Pakistan. Every summer, she travelled to the city of Multan to visit her khala (maternal aunt). This book is based on real stories and all characters are real people! *Meeru's Multan* is her debut children's book but she has a series planned! She homeschools her two oldest children Saif and Maha and loves to grow flowers. To connect with the author please email her at: kheloneymmbook@gmail.com

ڈاکٹر میرال اعظم خلیل کی پیدائش اور پرورش لاہور، پاکستان میں ہوئی۔ ہر موسم گرما میں، وہ اپنی خالہ کو ملنے ملتان جایا کرتی تھیں۔ یہ کتاب حقیقی کہانیوں پر مشتمل ہے اور اس کے تمام کردار حقیقی ہیں۔ میرو کا ملتان ان کی بچوں کیلئے پہلی کتاب ہے لیکن انہوں نے ایک سیریز کی منصوبہ بندی کی ہوئی ہے! وہ اپنے سب سے بڑے دو بچوں، سیف اور ماہا کو گھر میں پڑھاتی ہیں اور اُنہیں پھول اُگانا پسند ہیں۔ مصنف سے رابطہ کرنے کیلئے اُنہیں ای میل کیجئے : kheloneymmbook@gmail.com

**Benazir Khan Lodhi** is from Karachi, Pakistan and currently resides in Frankfurt, Germany. She is a self taught painter/illustrator. Her work mainly encompasses elements that are South East Asian, fantastical and feminine. She self-published her debut picture book in September 2022 titled *Meet the Whales*. Benazir aspires to write and illustrate more books in the future. She is also a mother to two children.

بینظیر خان لودھی کا تعلق کراچی، پاکستان سے ہے۔ وہ اس وقت فرینکفرٹ، جرمنی میں مقیم ہیں۔ وہ خود سے سیکھنے والی مصور/ خاکہ نگار ہیں۔ ان کے کام کا دائرہ کار بنیادی طور پر جنوب مشرقی ایشیائی، تصوراتی اور خواتین سے متعلقہ عناصر کے گرد گھومتا ہے۔ انہوں نے ستمبر 2022 میں "میٹ دی وہیلز" کے عنوان سے اپنی پہلی تصویری کتاب خود شائع کی۔ بینظیر مستقبل میں خاکہ نگاری اور مزید کتب لکھنے کی خواہش رکھتی ہیں۔ وہ دو بچوں کی ماں بھی ہیں۔

Access your free
*Meeru's Multan* companion
resource guide here:

Extend instruction
before, during and after
reading!

Full of amazing
activities!

Printed in the USA
CPSIA information can be obtained
at www.ICGtesting.com
LVHW071736221023
761789LV00002B/80